DANIEL SIQUEIRA

(Organizador)

Novena de Nossa Senhora de Lourdes

DIREÇÃO EDITORIAL:
Pe. Fábio Evaristo Resende Silva, C.Ss.R.

REVISÃO:
Luana Galvão

COORDENAÇÃO EDITORIAL:
Ana Lúcia de Castro Leite

DIAGRAMAÇÃO E CAPA:
Marcelo Tsutomu Inomata

Organização e seleção de textos: Daniel Siqueira
Textos bíblicos: *Bíblia de Aparecida*, Editora Santuário, 2006.

ISBN   978-85-369-0450-4

1ª impressão

Todos os direitos reservados à **EDITORA SANTUÁRIO** – 2016

Composição, CTcP, impressão e acabamento:
Editora Santuário - Rua Pe. Claro Monteiro, 342
12570-000 – Aparecida-SP – Tel. (12) 3104-2000

Nossa Senhora de Lourdes

A devoção a Nossa Senhora, sob o título de Lourdes, tem sua origem na França, na segunda metade do século XIX. No ano de 1858, na pequena localidade de Lourdes, no sudoeste francês, na região dos Pirineus, a jovem camponesa Bernadete Soubirous, de 14 anos, vivia com sua pobre e miserável família no porão da antiga cadeia de Lourdes. Certo dia, Bernadete, sua irmã mais nova e uma amiga estavam recolhendo lenha na região da gruta de Massabielle, cerca de um quilômetro da cidade, quando, por um momento, ela se afastou das outras meninas, ficando próxima à gruta. Nesse momento, ao sentir um forte vento, ela virou-se e percebeu que dentro da gruta encontrava-se uma mulher vestida de branco, com um rosário nas mãos: era a Virgem Maria se manifestando a ela.

Ocorreram ao todo dezoito aparições de Nossa Senhora. No início, poucos deram crédito aos relatos de Bernadete, mas cada vez mais pessoas passaram a acreditar e a acompanhar as aparições. Assim tiveram início as peregrinações à gruta de Massabielle. Muitos testemunhos de graças, milagres e prodígios passaram também a ser relatados por várias pessoas.

Em uma das aparições, Bernadete perguntou quem era aquela Senhora, e ela lhe respondeu dizendo ser a

Imaculada Conceição. No local das aparições, posteriormente, foi construído um grande Santuário, que hoje acolhe mais de 6 milhões de peregrinos por ano. Por lá, já passaram vários Papas, que foram também rezar pedindo a proteção da Mãe de Deus. A jovem Bernadete, após alguns anos, recolheu-se a um convento, tornando-se religiosa. Ela faleceu em 1879, aos 35 anos de idade. Foi canonizada pelo Papa Pio XI, em 1933.

Comemora-se a festa de Nossa Senhora de Lourdes no dia 11 de fevereiro.

Rezemos a nossa Senhora, sob o título de Lourdes, para que ela possa interceder por nós, seus filhos e suas filhas, principalmente em nossos momentos de dor e sofrimento.

Orações para todos os dias

Oração inicial

– Em nome do Pai, do Filho e do Espírito Santo. Amém!

– A nossa proteção está no nome do Senhor, que fez o céu e a terra! Coloco-me em vossa presença, Deus da vida, pedindo vossa graça e vossa bênção para que eu sinta vossa força consoladora em meu coração. Peço-vos que pela intercessão da Ss. Virgem Maria, a Senhora de Lourdes, possais atender minha súplica e minha prece, que agora vos apresento *(apresentar a intenção)*. Senhor, que chegue até vós minha oração e meu clamor.

– Querida Mãe, Nossa Senhora de Lourdes, diante de vós, neste momento, eu me coloco como vosso(a) filho(a). Venho por meio desta novena pedir vossa intercessão maternal: vinde em meu socorro. Querida Mãe, levai até a seu Filho Jesus minha súplica e minha necessidade! Iniciando esta novena, quero saudar-vos como fez o Anjo Gabriel, rezando: *Ave, Maria, cheia de graça...*

Oração final

– Minha Mãe, Nossa Senhora, que em vossa vida terrena procurastes sempre fazer a vontade de Deus, quero eu também, em minha vida, sempre fazer a vontade de Deus e estar na sua presença. Ajudai-me a viver aquilo que agora rezo. *Pai nosso, que estais nos céus...*
– Ó Maria, vós que aparecestes a Bernadete na gruta de Lourdes, sendo um sinal amoroso da presença de Deus, que jamais se esquece de amparar e socorrer os seus filhos e suas filhas em suas necessidades, peço-vos que venhais em meu socorro, ajudando-me a lidar com minhas dores e sofrimentos. Concedei-me a graça de viver como vós vivestes, fazendo-me perseverante na oração e na penitência. Vós que sois a Imaculada Conceição, a filha predileta do Pai, a Mãe do Salvador, a Mãe que nos socorre. Amém.
– Que a graça de Deus desça abundante sobre mim e possa me abençoar. Em nome do Pai, do Filho e do Espírito Santo. Amém!

1º Dia
Deus se manifesta aos humildes

1. Oração inicial *(p. 5)*

2. Palavra de Deus *(Lc 10,21-22)*

Naquele momento, exultou Jesus de alegria no Espírito Santo e disse: "Eu vos bendigo, ó Pai, Senhor do céu e da terra, porque estas coisas que escondestes aos sábios e entendidos, vós as revelastes à gente simples. Sim, Pai, porque assim foi de vosso agrado. O Pai me entregou todas as coisas, e ninguém conhece quem é o Filho senão o Pai, nem quem é o Pai, senão o Filho e aquele a quem o Filho o quiser revelar".

– Palavra da Salvação!

3. Nos caminhos de Lourdes

A jovem Bernadete era a filha mais velha do casal Francisco Soubirous e Luísa Castèrot: uma humilde família da região dos Pirineus, no interior da França. Além de Bernadete, o casal teve mais oito filhos. A família era muito pobre e sobrevivia com muita dificuldade. Bernadete, que já possuía uma saúde muito frágil, teve cólera na infância e desenvolveu asma. Ainda assim, desde muito cedo, teve de trabalhar para ajudar a família. A jovem sempre foi uma pessoa profundamente religiosa e temente a Deus, e possuía uma boa formação cristã. Olhando para a vida de Bernadete, podemos perceber que Deus tem os simples e os humildes como seus filhos prediletos: é a eles que o Senhor se manifesta e mostra sua misericórdia. Bem-aventurados os pobres e os humildes de coração, pois deles é o reino dos céus.

4. Olhando para a minha vida

a)   Sou uma pessoa que pratica gestos de humildade?

b)   Vivo de maneira simples ou gosto de ostentação?

5. Oração final *(p. 6)*

*   *   *

2º Dia
Deus se manifesta aos mais simples

1. Oração inicial *(p. 5)*

2. Palavra de Deus *(Jo 2,1-11)*

No terceiro dia, houve uma festa de casamento em Caná da Galileia e lá se encontrava a mãe de Jesus. Também Jesus foi convidado para a festa junto com seus discípulos. Faltando o vinho, a mãe de Jesus lhe disse: "Eles não têm mais vinho". Respondeu-lhe Jesus: "Mulher, que importa isso a mim e a ti? Minha hora ainda não chegou". Sua mãe disse aos serventes: "Fazei tudo o que ele vos disser". Havia lá seis talhas de pedra, destinadas às purificações dos judeus. Cada uma delas podia conter cerca de dois ou três barris. Disse Jesus aos serventes: "Enchei de água as talhas". Eles as encheram até a boca. Disse-lhes então: "Tirai agora e levai ao mestre-sala". Eles levaram. O mestre-sala provou a água transformada em vinho e não sabia donde viera aquele vinho, embora o soubessem os serventes que haviam tirado a água; chamou então o noivo e disse-lhe: "Todo mundo serve primeiro o bom vinho e, quando os convidados já tiverem bebido muito, serve o vinho inferior. Tu, porém, guardaste até agora o vinho bom..." Deste modo iniciou Jesus, em Caná da Galileia, os seus sinais. Manifestou sua glória, e seus discípulos começaram a crer nele.

– Palavra da Salvação!

3. Nos caminhos de Lourdes

Em 11 de fevereiro de 1858, um dia frio e com forte nevoeiro, Bernadete, sua irmã mais nova e uma amiga saíram para apanhar lenha. Foram até a região da gruta Massabielle, distante um quilômetro de Lourdes. Lá, as duas meninas atravessaram para o outro lado do canal que ali havia. Bernadete não atravessou, pois a água estava muito fria e não queria ficar ainda mais doente. Ela foi caminhando ao lado do canal até perto da gruta. Nesse momento, Bernadete sentiu um forte vento. Ela se virou, olhou para dentro da gruta e viu uma mulher vestida toda de branco, com uma fita azul em torno da barriga e com um rosário nas mãos. Bernadete ficou assustada e quase não acreditou no que viu. Mesmo assim não foi embora: aproximou-se daquela senhora e rezou o terço. Após terminar o terço, misteriosamente, aquela senhora desapareceu. Era a Mãe de Deus, que se manifestava, vindo em socorro daqueles que mais precisavam.

4. Olhando para a minha vida

a) Quais são os sinais da presença de Deus em minha vida?

b) Sou sensível às necessidades e aos sofrimentos das outras pessoas?

5. Oração final *(p. 6)*

*   *   *

3º Dia
Compreender os desígnios de Deus

1. Oração inicial *(p. 5)*

2. Palavra de Deus *(Lc 1,26-38)*

No sexto mês, o anjo Gabriel foi enviado por Deus a uma cidade da Galileia, chamada Nazaré, a uma virgem, noiva de um homem, de nome José, da casa de Davi; a virgem chamava-se Maria. Entrando onde ela estava, disse-lhe o anjo: "Alegra-te, ó cheia de graça, o Senhor é contigo". Ao ouvir tais palavras, Maria ficou confusa e começou a pensar o que significaria aquela saudação. Disse-lhe o anjo: "Não tenhas medo, Maria, porque Deus se mostra bondoso para contigo. Conceberás em teu seio e darás à luz um filho e lhe porás o nome de Jesus. Ele será grande e será chamado Filho do Altíssimo. O Senhor Deus lhe dará o trono de Davi, seu pai, e ele reinará para sempre na casa de Jacó. E seu reino não terá fim". Maria, porém, perguntou ao anjo: "Como será isto, se eu não vivo com um homem?" Respondeu-lhe o anjo: "O Espírito Santo descerá sobre ti, e a força do Altíssimo te cobrirá

– 13 –

com sua sombra. Por isso, o Santo que vai nascer será chamado Filho de Deus. Isabel, tua parenta, também ela concebeu um filho em sua velhice e está no sexto mês aquela que era chamada estéril, porque nada é impossível para Deus". Disse então Maria: "Eis aqui a serva do Senhor, faça-se em mim segundo tua palavra". E o anjo retirou-se de sua presença.

– Palavra da Salvação!

3. Nos caminhos de Lourdes

Logo após presenciar a aparição de Nossa Senhora, Bernadete contou para as amigas o que havia acontecido, e estas, por sua vez, contaram a seus pais e logo a notícia se espalhou por toda a região. Bernadete, a princípio, não entendeu o que aquelas aparições significavam. Enfrentou a incompreensão de muitas pessoas, que não acreditavam em seus relatos sobre a aparição da Virgem Maria. No entanto, sempre com convicção, Bernadete nunca duvidou ou negou o que ela presenciava na gruta de Massabielle. Muitas vezes, temos dificuldades para entender os desígnios de Deus em nossa vida. Maria também não entendeu o anúncio que o anjo lhe fizera, mas, mesmo assim, ela acolheu e deixou que a vontade de Deus se realizasse em sua vida.

4. Olhando para a minha vida

a) Como lido com as dificuldades e desafios para viver a fé?

b) Como respondo concretamente ao convite de Deus no dia a dia?

5. Oração final *(p. 6)*

*   *   *

4º Dia
A conversão e a mudança de vida

1. Oração inicial *(p. 5)*

2. Palavra de Deus *(Rm 12,1-2)*

Irmãos, pela misericórdia de Deus, eu vos exorto a oferecer vossos corpos como sacrifício vivo, santo e agradável a Deus, pois este é vosso culto espiritual. Não tomeis por modelo este mundo, mas transformai-vos, renovando vossa mente, para que possais discernir qual é a vontade de Deus: o que é bom, o que lhe agrada e é perfeito.

– Palavra do Senhor!

3. Nos caminhos de Lourdes

Nas primeiras aparições, Nossa Senhora nada disse a Bernadete. Foi apenas a partir da terceira aparição que a Virgem Maria começou a conversar com a jovem. Entre as mensagens deixadas por Nossa Senhora, estava o pedido explícito para rezar a Deus pela conversão dos pecadores e para fazer penitência pela conversão do mundo. Esse pedido foi repetido insistentemente em outras aparições da Virgem. A conversão e a mudança são sempre um apelo constante a todo cristão. A cada momento da vida, todo batizado é convidado a ir conformando sua vida à vida de Jesus. O caminho para isso passa necessariamente pela oração, pela penitência, pela caridade e pelo amor para com o próximo.

4. Olhando para a minha vida

a) O que preciso transformar em minha vida para ser mais semelhante a Jesus?

b) Qual tem sido meu esforço para tornar o mundo mais justo e fraterno?

5. Oração final *(p. 6)*

* * *

5º Dia
Água da vida

1. Oração inicial *(p. 5)*

2. Palavra de Deus *(Jo 4,5-14)*

Jesus chegou a uma cidade da Samaria, chamada Sicar, perto do terreno que Jacó tinha dado a seu filho José. Ali se achava o poço de Jacó. Cansado de andar, Jesus sentou-se junto ao poço. Era por volta do meio-dia. Uma mulher samaritana chega para buscar água. Jesus lhe diz: "Dá-me de beber". Seus discípulos tinham ido à cidade comprar alimentos. Responde a samaritana: "Tu és judeu, eu sou samaritana: como é que me pedes de beber?" (Pois os judeus não combinam com os samaritanos.) Jesus respondeu-lhe: "Se conhecesses o dom de Deus e quem é que te diz: 'dá-me de beber', tu é que lhe pedirias, e ele te daria água viva!" Ela disse: "Senhor, não tens nada para tirar água, e o poço é fundo; de onde, pois, tiras esta água viva? Serás, talvez, maior que nosso pai Jacó, que nos deu este poço, do qual ele mesmo bebeu, com seus filhos e seus animais?" Respondeu-lhe Jesus: "Todo aquele que bebe desta água terá sede outra vez; mas quem beber da água que eu lhe darei nunca mais terá sede; pois a água que eu lhe darei vai tornar-se dentro dele uma fonte de água corrente para a vida eterna".

– Palavra da Salvação!

3. Nos caminhos de Lourdes

Na aparição de Nossa Senhora, ocorrida no dia 25 de fevereiro de 1858, Bernadete se encontrava no fundo da gruta, quando a Virgem ordenou que ela cavasse com as mãos um pequeno buraco no chão. Assim que ela fez o que Nossa Senhora tinha dito, percebeu que do pequeno orifício vertia uma água um tanto barrenta. A Virgem ordenou que Bernadete se lavasse com aquela água. Passadas algumas horas após a aparição, algumas pessoas foram até a gruta e notaram que, no buraco que Bernadete havia cavado, jorrava milagrosamente uma grande quantidade de água cristalina.

A água lava, limpa, purifica e representa a vida: do lado perfurado de Cristo na cruz jorraram sangue e água. A partir da mensagem de Lourdes, devemos aprender que todo cristão é chamado a banhar-se e purificar-se de seus pecados nas águas da salvação, que é o próprio Cristo.

4. Olhando para a minha vida

a) Tenho celebrado o sacramento da reconciliação?

b) Em qual fonte sacio a minha sede de vida e de paz?

5. Oração final *(p. 6)*

*   *   *

6º Dia
Encontrar a Mãe

1. Oração inicial *(p. 5)*

2. Palavra de Deus *(Lc 1,46-56)*

Disse então Maria: "Minha alma engrandece o Senhor e meu espírito se alegra em Deus, meu Salvador, porque Ele olhou para sua humilde serva; pois daqui em diante todas as gerações proclamarão que sou feliz! Porque o Todo-Poderoso fez por mim grandes coisas e santo é seu nome. De geração em geração se estende sua misericórdia sobre aqueles que o temem. Demonstrou o poder de seu braço e dispersou os que pensam com soberba. Derrubou os poderosos de seus tronos e elevou os humildes. Enriqueceu de bens os famintos e despediu os ricos de mãos vazias. Socorreu seu servo Israel, lembrando-se de sua misericórdia, como havia prometido a nossos pais, a Abraão e a seus filhos para sempre". Maria ficou com Isabel uns três meses e depois voltou para casa.

– Palavra da Salvação!

3. Nos caminhos de Lourdes

Desde que os primeiros relatos das aparições de Nossa Senhora foram noticiados, muitas pessoas começaram a se dirigir à gruta de Massabielle. Algumas iam até lá simplesmente por curiosidade, outras iam procurando encontrar algum alívio para suas dores e sofrimentos. A cada aparição, aumentava ainda mais o número de pessoas. Não demorou para surgirem relatos de curas e milagres alcançados por intercessão da Virgem aparecida naquela gruta. As pessoas que iam até a gruta eram, em sua imensa maioria, gente simples e pobre, pessoas que sobreviviam com muitas dificuldades. Muitas padeciam de graves problemas de saúde e não tinham a quem recorrer, senão a Deus. Diante da dor e do sofrimento, é à Mãe que o filho recorre, pedindo que ela interceda junto a Deus por suas necessidades.

4. Olhando para a minha vida

a) Procuro a Deus em todos os momentos de minha vida ou apenas quando vivo alguma dificuldade?

b) Quais são as graças que Deus já me concedeu pela intercessão de Maria?

5. Oração final *(p. 6)*

*   *   *

7º Dia
Perseverar diante das provações

1. Oração inicial *(p. 5)*

2. Palavra de Deus *(Jo 16,20-22)*

Disse Jesus: "Na verdade, na verdade, vos digo: vós chorareis e vos lamentareis, enquanto o mundo se alegrará. Vós estareis na tristeza, mas vossa tristeza se converterá em alegria. A mulher, quando está para dar à luz, se entristece porque é chegada sua hora; mas, depois de ter dado à luz a criança, não se lembra mais das dores, pela alegria de ter nascido um ser humano no mundo. Assim, também vós agora estais tristes; mas eu vos verei de novo, e vosso coração se alegrará, e ninguém vos poderá tirar vossa alegria"

– Palavra da Salvação!

3. Nos caminhos de Lourdes

Desde o início das aparições na gruta de Massabielle, enquanto muitos acreditavam, outros foram tomados de grande ceticismo e achavam que a história da aparição da Virgem era apenas um devaneio, uma ilusão ou uma loucura da jovem Bernadete. As autoridades civis e religiosas tomaram essa postura diante desse fato e isso causou grandes transtornos e sofrimentos a Bernadete, que teve de enfrentar todo tipo de constrangimento, interrogatórios, questionamentos e incompreensões, até por parte de seus próprios familiares. Mas Bernadete, mesmo sendo ainda muito jovem e uma pessoa simples e humilde, a tudo suportou com coragem e fé inabalável, sem jamais negar aquilo que ela havia presenciado na gruta Massabielle. As provações e os sofrimentos fazem parte da vida, e todos estão sujeitos a passar por momentos difíceis. Mas, mesmo diante das mais duras provações e sofrimentos, é necessário manter a fé e ter esperança.

4. Olhando para a minha vida

a) Como reajo nos momentos de provação e sofrimento?

b) Sou uma pessoa esperançosa ou ressentida?

5. Oração final *(p. 6)*

* * *

8º Dia
"Eu sou a Imaculada Conceição"

1. Oração inicial *(p. 5)*

2. Palavra de Deus *(Ap 12,1-6)*

Um grande sinal apareceu no céu: uma Mulher vestida com o sol, tendo a lua sob os pés e uma coroa de doze estrelas na cabeça. Estava grávida e gritava de dor, angustiada para dar à luz. Apareceu ainda um outro sinal no céu: um enorme Dragão, cor de fogo, com sete cabeças e dez chifres, e sobre as cabeças sete diademas; sua cauda arrastou um terço das estrelas do céu, atirando-as sobre a terra. O Dragão parou diante da Mulher, que estava para dar à luz, para engolir seu filho, logo que nascesse. Ela deu à luz um filho, um menino, aquele que vai governar todas as nações com cetro de ferro. Mas seu filho foi arrebatado para junto do Deus e de seu trono. E a Mulher fugiu para o deserto, onde Deus lhe havia preparado um refúgio, para que lá fosse alimentada durante mil e duzentos e sessenta dias.

– Palavra do Senhor!

3. Nos caminhos de Lourdes

Logo que as notícias das aparições chegaram às autoridades da Igreja, elas queriam saber de quem se tratava a aparição. Assim impeliram, por diversas vezes, Bernadete a perguntar o nome daquela senhora que aparecia na gruta de Massabielle. A jovem perguntou por diversas vezes, mas a senhora nada respondia. Até que, na aparição do dia 25 de março, a senhora revelou que era a Imaculada Conceição. Assim que Bernadete levou a notícia, as autoridades religiosas ficaram espantadas, pois não era possível que aquela senhora se autointitulasse a Imaculada Conceição: havia apenas quatro anos que o dogma da Imaculada Conceição (1854) fora sido proclamado. Seria impossível uma pessoa humilde e de poucos conhecimentos como Bernadete saber tal informação. Depois disso, presumiu-se realmente que a senhora que aparecera na gruta era a Virgem Maria. A partir desse acontecimento, as autoridades passaram a olhar o fato das aparições em Lourdes com menos ceticismo.

4. Olhando para a minha vida

a) Tenho Maria como mãe e intercessora em minha vida?

b) Que características da vida de Maria tenho como referência para a minha?

5. Oração final *(p. 6)*

*　　*　　*

9º Dia
A Mãe acolhe os filhos

1. Oração inicial *(p. 5)*

2. Palavra de Deus *(At 1,12-14)*

Então voltaram para Jerusalém, partindo do assim chamado monte das Oliveiras, que fica perto de Jerusalém, à distância de uma caminhada de sábado. Depois de entrarem na cidade, subiram para a sala de cima, onde ficavam Pedro, João, Tiago, André, Filipe e Tomé, Bartolomeu e Mateus, Tiago, filho de Alfeu, e Simão, o zelota, e Judas, filho de Tiago. Todos perseveravam unânimes na oração, junto com algumas mulheres, entre as quais Maria, mãe de Jesus, e com seus irmãos.

– Palavra do Senhor!

3. Nos caminhos de Lourdes

Quando as notícias a respeito das aparições de Nossa Senhora na gruta de Lourdes começaram a se espalhar, muitas pessoas começaram a ir até aquela localidade. Conforme as notícias se espalhavam, mais e mais pessoas passavam visitar a gruta para rezar a Nossa Senhora, para pedir ou agradecer uma graça. Em uma das aparições, a

Virgem Maria pediu a Bernadete que fosse construída naquele local uma igreja. A pedra fundamental dessa Igreja foi lançada em 1864, dando origem ao grande Santuário Basílica de Lourdes, uma belíssima construção em estilo românico às margens do rio Gave. Estima-se que anualmente mais de 6 milhões de peregrinos, de diversas partes do mundo, visitam o santuário. Na casa da mãe, todos os filhos são acolhidos e lá se sentem em casa. Maria é a estrela que nos conduz ao sol maior, que é Jesus Cristo, o salvador e redentor; a Mãe aponta sempre para o filho.

4. Olhando para a minha vida

a) Participo com frequência da missa em minha comunidade?

b) Sou uma pessoa acolhedora e disponível?

5. Oração final *(p. 6)*

*   *   *

Índice

Nossa Senhora de Lourdes 3

Orações para todos os dias...................................... 5

1º dia: Deus se manifesta aos humildes 7

2º dia: Deus se manifesta aos mais simples 9

3º dia: Compreender os desígnios de Deus.......... 13

4º dia: A conversão e a mudança de vida............. 17

5º dia: Água da vida... 19

6º dia: Encontrar a Mãe 23

7º dia: Perseverar diante das provações 25

8º dia: "Eu sou a Imaculada Conceição"............... 27

9º dia: A Mãe acolhe os filhos 29